퀴즈, 미세먼지!

외계인이 묻고 지구인이 답한다

퀴즈, 미세먼지!

기획 환경정의 | 글 임정은 | 그림 이경석

초록개구리

차례

Q1. 먼지를 단 한 톨이라도 만드는 범인은 누구일까? 9

Q2. 어떤 먼지를 미세먼지라고 할까? 13

Q3. 미세먼지가 위험하다는데, 왜 그럴까? 17

Q4. 미세먼지를 줄이는 청소법으로 가장 좋은 것은? 21

Q5. 미세먼지를 막기에 가장 좋은 마스크는? 25

Q6. 미세먼지는 누구에게 제일 안 좋을까? 29

Q7. 미세먼지 많은 날, 집에 오자마자 할 일은? 33

Q8. 어떤 날씨에 미세먼지가 가장 적을까? 37

Q9. 집 안 어디에서 미세먼지가 가장 많이 생길까? 41

Q10. 집 밖에서 미세먼지를 만드는 범인이 아닌 것은? 45

Q11. 미세먼지를 가장 많이 만드는 곳은? 49

Q12. 미세먼지가 많은지, 적은지 아는 방법은? 53

Q13. 미세먼지를 덜 만들기 위해 여러분이 할 수 있는 일은? 57

Q14. 미세먼지를 줄이기 위해 세계가 함께할 수 있는 일은? 61

Q15. 미세먼지를 줄이기 위해서 가장 먼저 나서야 할 사람은 누구? 65

1 먼지를 단 한 톨이라도 만드는 범인은 누구일까?

눈에 안 보이지만 먼지는 늘 우리 가까이 있어.
먼지는 도대체 누가 만드는 걸까?

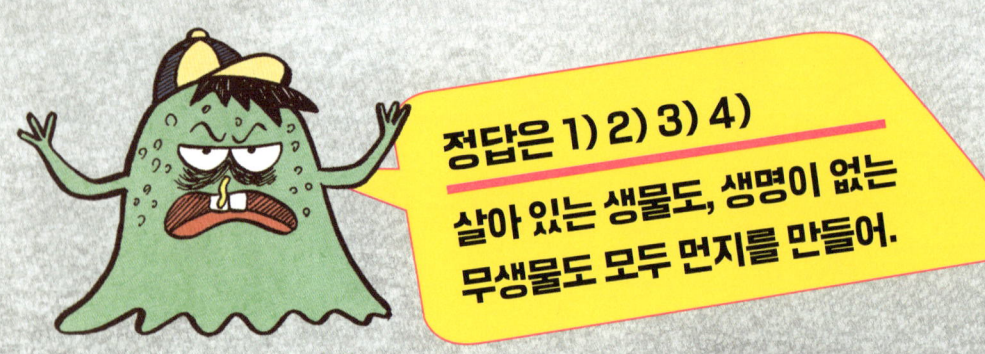

정답은 1) 2) 3) 4)
살아 있는 생물도, 생명이 없는 무생물도 모두 먼지를 만들어.

먼지를 만드는 누군가가 따로 있는 것이 아니야.
지구에 사는 모든 생물은 먼지를 만들어.
살아 있는 동안 성장하고, 움직이고, 이동하면서 말이야.
사람은 물론이고 다람쥐, 나비, 병아리 등 모든 동물이 그래.
피부만 보아도 매일매일 가장 바깥쪽 세포가 오래되거나 죽어서
떨어져 나가잖아. 눈썹이나 머리카락이 빠지기도 하고.
그렇게 몸에서 떨어져 나간 조각들이 모두 먼지가 되는 거야.
고양이와 강아지 몸에서도 끊임없이 이런 먼지가 나와.

화산이 폭발하면서 나오는 유독가스와 화산재에서도

운동장에서 축구할 때도

자갈, 모래, 시멘트 등이 많이 쓰이는 공사장에서도

장난감, 옷, 소파, 의자처럼 생명이 없는 무생물도 먼지를 만들어.
이런 물건은 시간이 지나면 표면이 조금씩 닳아서 부스러지는데,
그 작은 조각이 다 먼지야. 화산이 폭발하거나 바위가 돌로, 자갈로, 모래로
부서지는 과정에서도 먼지가 생기지. 건조한 날 운동장에서 놀면 흙냄새가 나지?
흙이나 모래 알갱이가 바람에 섞여 있기 때문이야.
그 흙먼지도 먼지야. 이렇듯 먼지의 종류는 많아.

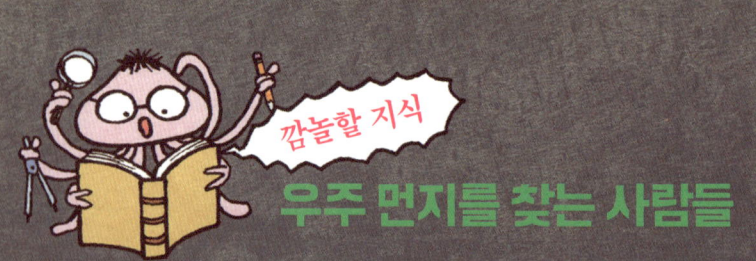

깜놀할 지식
우주 먼지를 찾는 사람들

먼지는 지구에만 있는 줄 알았지? 우주에도 먼지가 있어.
우주에는 다양한 기체 성분과 행성에서 나온 부스러기들이 있어.
그중 작고 가벼운 먼지들은 지구 대기권에 들어오거나
지구 표면에 앉기도 해.
우주 먼지는 아주 오래 전에 만들어진 빙하 속에 섞여 있기도 해.
극지방의 빙하에는 오염 물질이 적기 때문에 과학자들은
빙하를 녹여 그 물에서 우주 먼지를 찾는대.
도시의 먼지 속에서 우주 먼지를 발견한 사람도 있어.
노르웨이에 사는 존 라르센은 유럽 몇몇 도시의 낡은 건물에서
300kg 정도의 먼지를 모으고, 거기에서 우주 먼지를 500개나 찾았대.

코딱지보다도 작은 우주 먼지에 사람들이 왜 이리 열심히 매달리냐고?
그건 우주 먼지에 우주 탄생의 비밀이 담겨 있기 때문이야.
우주 먼지 성분을 분석하고 연구하면 우주가 어떻게 생겨났는지
알아낼 수 있거든. 눈에 보이지도 않는 먼지에 어마어마한 정보가
담겨 있다니 놀랍지?

2 어떤 먼지를 미세먼지라고 할까?

생활 속에서 생기는 먼지를 모두 미세먼지라고 부르지는 않아.
공기 중에 떠 있는 먼지 중에 미세먼지는 어떤 것일까?

❶ 미안! 하며 세게 치고 지나가는 먼지

❷ 미세하게 움직이는 먼지

❸ 크기가 엄청나게 작은 먼지

❹ 미나리에 잘 쌓이는 먼지

정답은 3) 크기가 엄청나게 작은 먼지
먼지 중에서도 아주아주 작은 먼지를 미세먼지라고 해.

물론 먼지도 아주 작지. 그런데 미세먼지는 먼지보다도 훨씬 작아.
미세먼지가 얼마나 작은지 알고 싶으면, 일단 머리카락 한 올을 뽑아 봐.
머리카락을 가로로 잘랐을 때의 지름을 1이라고 해 보자.
미세먼지는 머리카락 지름의 $\frac{1}{5}$에서 $\frac{1}{20}$ 정도로 작아.
머리카락 지름도 아주아주 작은 점일 뿐인데
그것의 $\frac{1}{5}$, $\frac{1}{20}$이면 얼마나 더 작게. 미세먼지 중 큰 것은
몸속의 백혈구 크기랑 엇비슷해. 알레르기를 일으키는
꽃가루는 보통 미세먼지보다는 큰 편이고.

아야~ 내 머리카락!

PM10이 뭐게?

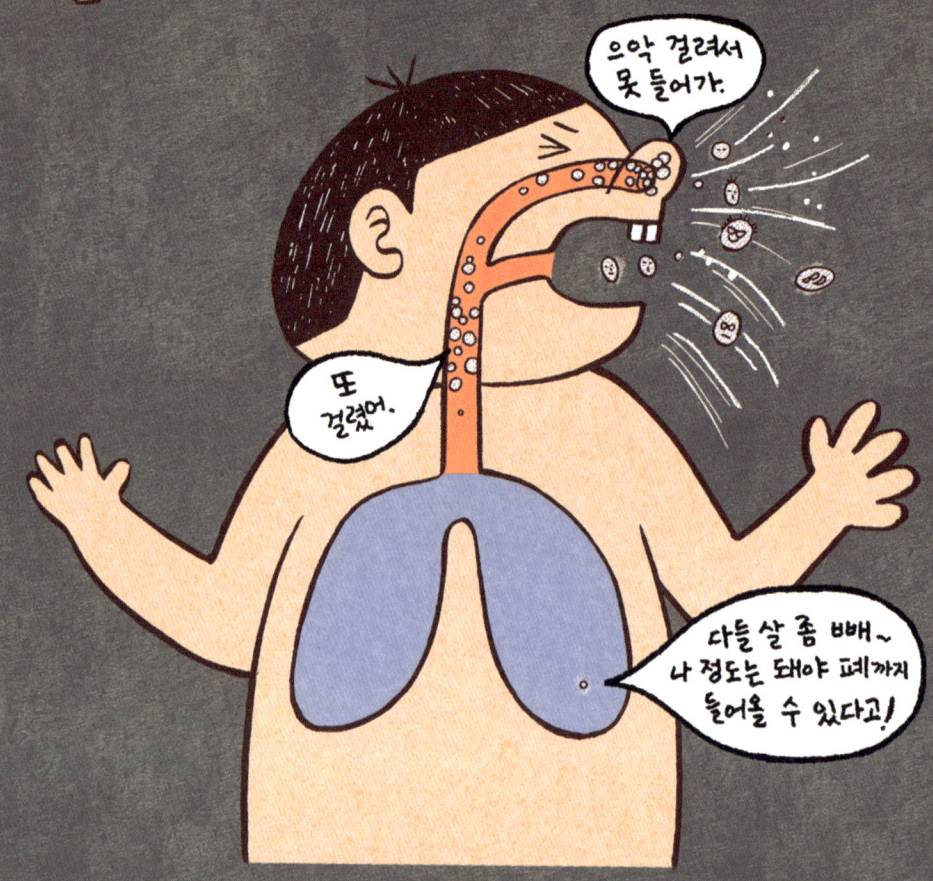

PM10(피엠10). 이런 말 들어 본 적 있니? PM10은 10㎛보다 작은 미세먼지라는 뜻이야. 미세먼지의 기준이 10㎛인 이유는 숨 쉴 때 입이나 코로 들어간 입자 중 몸속의 폐까지 다다를 수 있는 크기가 10㎛이기 때문이야.
10㎛보다 작으면 폐로 들어가니 위험하다는 뜻이지.
PM2.5는 2.5㎛보다 작은 미세먼지를 일컬어. 흔히 '초미세먼지'라고 불러.
미세먼지의 크기를 나타내는 단위 ㎛은 '마이크로미터' 또는 '미크론'이라고 읽어.
1㎛는 1m의 $\frac{1}{1000000}$, mm로 나타내면 0.001mm와 같아.
미세먼지와 관련한 뉴스에 자주 쓰이는 말이니까 PM2.5, PM10은 기억해 두면 좋아.

3 미세먼지가 위험하다는데, 왜 그럴까?

미세먼지가 많은 날에는 어른들이 위험하다고 밖에서 못 놀게 하지?
어떤 점 때문에 위험하다는 걸까?

❶ 크기가 너무 작아서	❷ 뾰족뾰족해서
❸ 맛이 써서	❹ 폭발해서

정답은 1) 크기가 너무 작아서

미세먼지가 위험한 건 아주 작기 때문이야.

사람 몸은 보통 크기의 먼지는 막을 수 있어. 숨을 쉴 때 공기가 어디로 들어오지?
콧구멍이나 입을 통해 들어오잖아. 콧구멍에 있는 코털과 점막은 먼지를 걸러.
코털이 거른 먼지나 이물질이 콧속의 분비물과 뭉쳐져 굳은 게 바로 코딱지야!
입으로 들어온 먼지는 기관지 섬모의 도움으로 침이나 가래를 통해 몸 밖으로 내보낼 수 있어.

그런데 미세먼지처럼 너무나 작은 먼지는 몸에서 막거나 거를 수도 없고,
한번 들어오면 내보낼 수도 없어. 공기와 함께 몸속에 들어온 미세먼지는
신경, 혈관, 점막 어디든 돌아다니며 말썽을 일으키지.
그러다가 암이라는 무서운 병을 일으키기도 해.
미세먼지가 사람 몸을 어떻게 괴롭히는지 볼래?

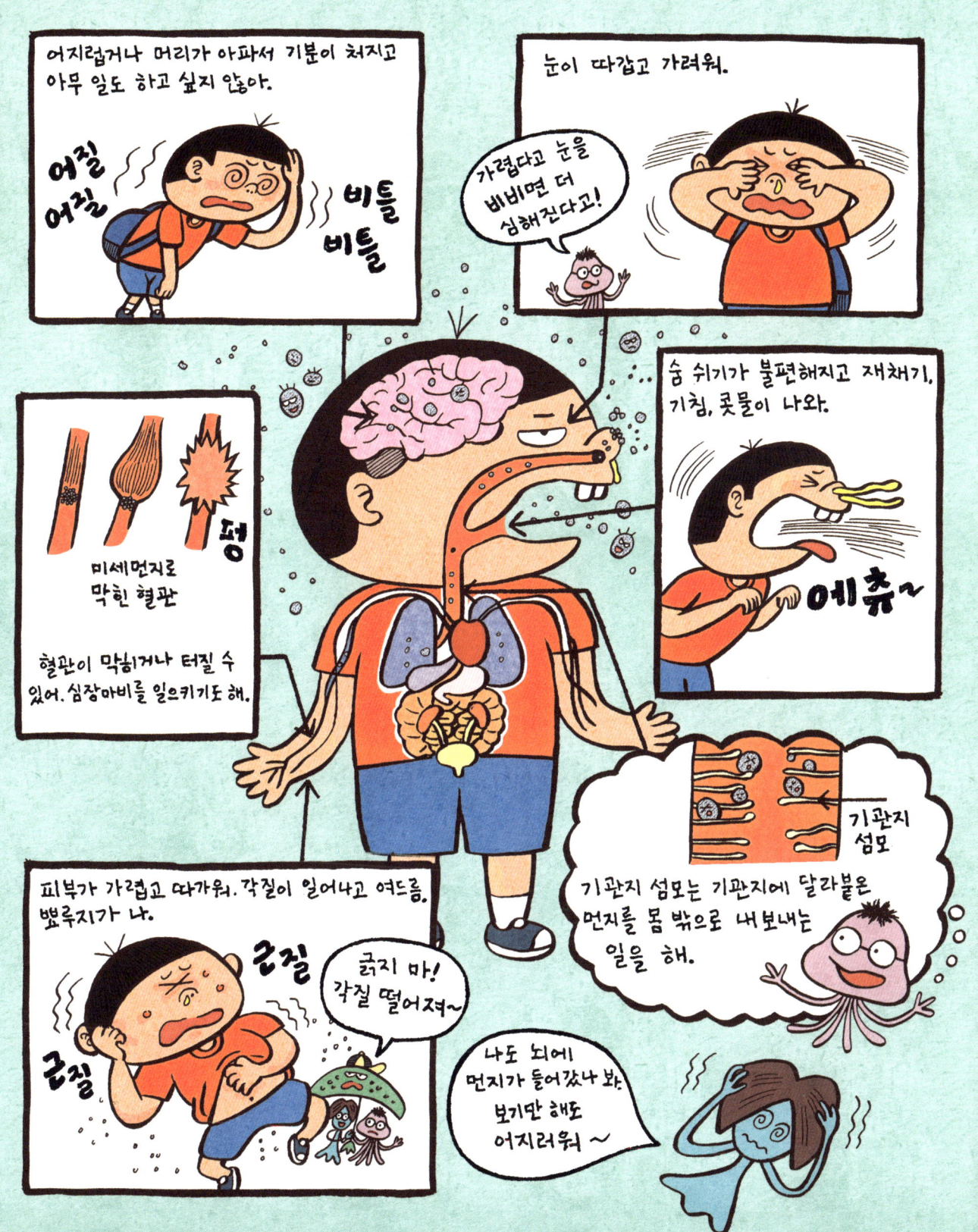

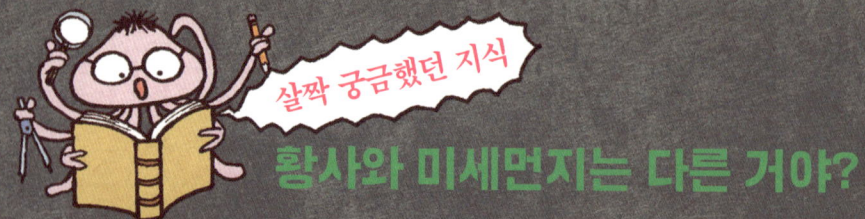

황사와 미세먼지는 다른 거야?

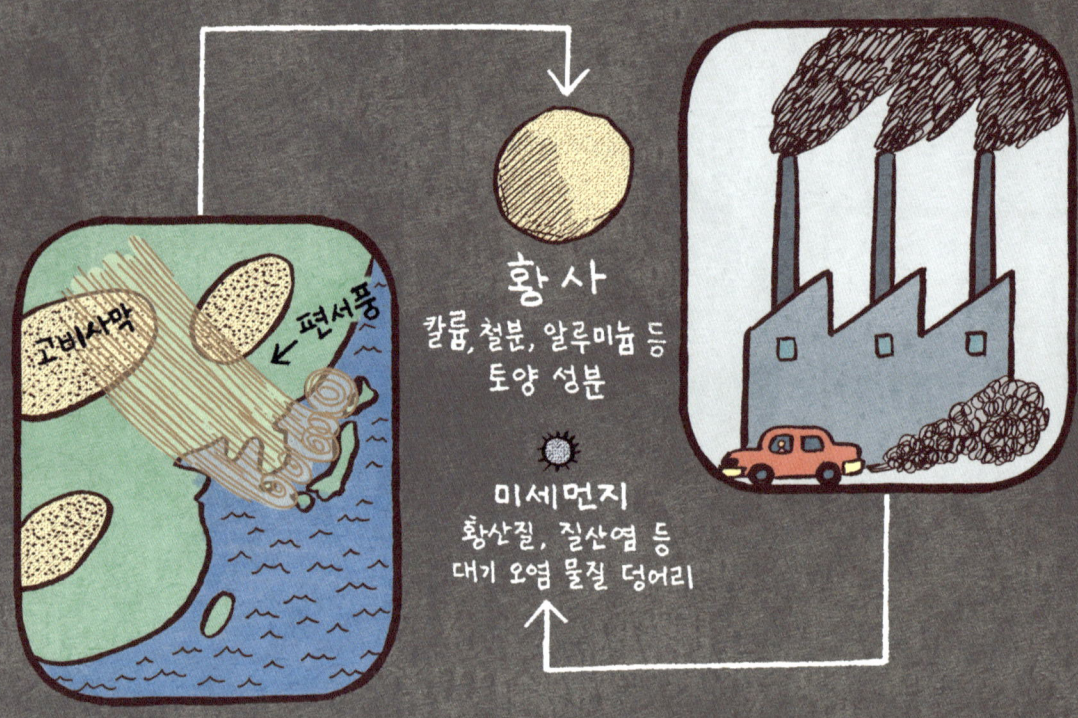

황사는 말 그대로 누런 모래 먼지야. 봄이면 우리나라를 덮치는 황사는 대개
몽골의 고비사막에서 만들어진 모래 먼지가 바람을 타고 날아온 거야.
그런데 왜 봄에 더 심하냐고? 겨울에는 땅이 얼어 있다가 봄이 되면 땅이 녹으면서
흙이 부서져. 잘게 부서진 흙은 먼지가 되어 바람을 타고 멀리까지 날아가지.
굵고 무거운 먼지는 멀리 가지 못하지만 말이야. 모래 먼지가 우리나라로 날아오는 동안
공장 지대를 지나면 공기 중에 있던 해로운 중금속이 달라붙어.
미세먼지는 보통 황사보다 훨씬 작아. 주로 석유나 석탄 같은 연료를 태울 때 나오지.
이렇듯 황사와 미세먼지는 다르지만 우리를 병들게 하는,
반갑지 않은 손님이라는 점은 같아.

4 미세먼지를 줄이는 청소법으로 가장 좋은 것은?

미세먼지는 집 안에서 생기기도 하고, 밖에서 들어오기도 해.
미세먼지, 어떻게 청소하면 좋을까?

❶ 먼지떨이로 탁탁 떤다

❷ 진공청소기로 먼지를 빨아들인다

❸ 물걸레질을 한다

❹ 빗자루로 쓴다

정답은 3) 물걸레질을 한다
미세먼지가 많은 날엔 물걸레질을 하는 것이 가장 좋아.

물걸레질을 하면 먼지를 일으키지 않고 닦아 낼 수 있어.
빗자루나 먼지떨이를 사용하면 먼지가 더 많이 일어나서
청소하는 사람이 그걸 다 들이마시게 돼.
이건 진공청소기도 마찬가지야. 청소기가 먼지를 빨아들일 때 먼지가 날리고,
바람이 나가는 통풍구 주변에도 먼지가 날리니까 청소할 때는 마스크를 꼭 써!
먼지를 쓸어 내기 전에 공기 중에 분무기로 물을 뿌리면
먼지가 바닥에 내려앉아서 걸레로 미세먼지를 닦아 낼 수 있어.
그런데 물걸레질은 힘도 많이 들고 걸레를 여러 번 빨아야 해서 자주 하기는 어려워.
날마다 물걸레질을 하기 어렵다면 빗자루나 청소기를 이용하되
며칠에 한 번은 꼭 걸레질을 하도록 해.

외계인이 알려주는 미세먼지 완벽 청소법

세계최초

우리를 살리는 상식
숲이 우리를 숨 쉬게 해!

나뭇잎 뒷면 확대 모습

네가 사는 곳에는 숲이나 산이 가까이 있니?
혹은 나무가 아주 많이 자라는 공원이 있던가? 그렇다면 참 다행이야.
숲이 있는 지역은 숲이 없는 곳보다 미세먼지 농도가 낮다는 조사가 있거든.
나무를 비롯한 식물은 광합성을 해서 스스로 몸에 필요한 양분을 만들어 살아가.
광합성은 식물이 뿌리로 물을 끌어올리고 잎으로 이산화탄소를 빨아들인 다음
햇빛을 쬐어 양분과 산소를 만들어 내는 거야.
잎 뒷면에 '기공'이라는 구멍이 있어서 이산화탄소를 빨아들이는데,
이때 공기 중에 있는 미세먼지도 함께 빨아들이면서 미세먼지가
잎 표면에 달라붙거나 흡수돼. 식물이 공기 청정기 필터처럼 미세먼지를
걸러 주는 일을 하는 거야.

5 미세먼지를 막기에 가장 좋은 마스크는?

어쩔 수 없이 외출할 때는 마스크가 필요해.
그런데 마스크도 잘 골라 써야 미세먼지를 막을 수 있대.

❶ KF 마크가 있는 마스크
미세먼지, 황사 100% 차단!
보건용 미세먼지 마스크

❷ 면 마스크
여름철 땀 걱정 NO! 100% 순면
미세먼지 마스크

❸ 가장 비싼 마스크
이제 미세먼지 마스크도 명품시대!
차세대 디지털 기술의 결정체, 헬멧 제로

※ 유사품에 주의하세요

❹ 좋아하는 캐릭터가 그려진 마스크
얘들아, 미세먼지 걱정 마!
정의의 용사 똥맨 뿌지직이 있잖아!

> 정답은 1) KF 마크가 있는 마스크
> 미세먼지를 막으려면 전용 마스크를 쓰는 게 좋아.

마스크를 쓰더라도 미세먼지를 100% 막을 수는 없어.
하지만 마스크 없이 다니는 것보다는
코와 입으로 들어오는 미세먼지를 확실하게 줄일 수 있어.
마스크를 살 때는 'KF'가 쓰여 있는 마스크를 고르는 게 좋아.
국가에서 성능을 인정했다는 뜻이거든.

마스크는 빨아서 쓰면 안 돼. 세탁을 하면
먼지를 막는 필터가 망가져서 마스크가 제 기능을 하지 못하거든.
한 번 사용한 마스크는 다시 쓰지 않아. 더러워지면 먼지를 거를 수 없으니까.
값이 비싸다고 무조건 성능이 좋은 건 아니야.
물론, 네가 좋아하는 캐릭터도 미세먼지를 막아 주지는 못하지.
마스크를 쓰는 게 아주 불편하지만
몸이 병드는 것보다는 훨씬 낫다는 걸 명심해!

예쁘다고 좋은 게 아님.

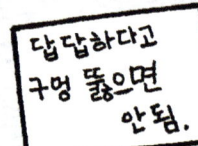

답답하다고 구멍 뚫으면 안 됨.

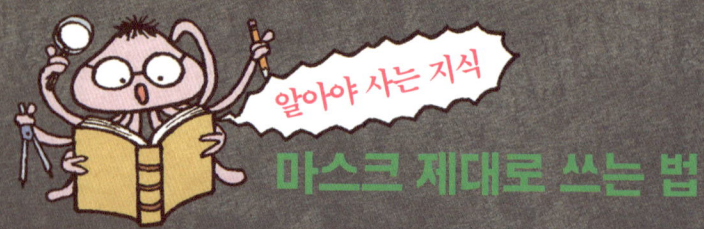

마스크 제대로 쓰는 법

① 코와 턱 감싸기
② 양쪽 고리 고정
③ 코 부분 밀착
④ 바람이 새는지 확인

KF 마크가 있는 마스크에는 KF80, KF94, KF99처럼 표시돼 있어.
KF 뒤의 숫자가 커질수록 먼지를 더 잘 막아 주는데,
먼지를 더 촘촘하게 막는다는 건 산소도 잘 통과하지 못한다는 뜻이라
그만큼 숨 쉬기도 어려워. 마스크를 쓴 채로 운동을 하면 숨 쉬기 어려워져서
쓰러질 수도 있어. 그러니 무조건 숫자가 큰 것보다는 필요에 따라 골라 쓰면 돼.
마스크를 쓸 때에는 마스크를 펼쳐서 코와 턱을 감싸고,
양쪽 고리를 잡고 귀에 걸어. 콧등 부분에 코 지지대가 있는 마스크라면
코에 맞추어 지지대를 구부려 주고, 바람이 새는지 확인하면 돼.

6 미세먼지는 누구에게 제일 안 좋을까?

미세먼지가 두렵지 않은 사람은 아무도 없을 거야.
그런데 미세먼지가 어떤 사람에게는 목숨을 잃을 정도로 위험할 수도 있어.

❶ 외계인

❷ 아기와 어린이

❸ 눈사람

❹ 수염 난 사람

정답은 2) 아기와 어린이

미세먼지는 특히 아기와 어린이에게 해로워.

아기나 어린이는 어른보다 숨을 훨씬 자주 쉬기 때문에 코와 입을 통해 몸속으로 미세먼지가 더 많이 들어가. 또 어른에 비해 몸이 스스로를 지키는 힘, 즉 면역력이 약하기도 해. 할머니와 할아버지, 병을 앓고 있는 사람도 면역력이 떨어져서 미세먼지가 심해지면 건강이 더 나빠지기가 쉬워. 어릴 적 미세먼지 때문에 호흡기 질병을 앓으면, 어른이 된 뒤에 심각한 호흡기 질병에 걸릴 위험이 훨씬 높대.

그리고 너희들, 유치원이나 학원에 갈 때 승합차를 주로 타지? 그런데 이런 차량 중에는 오래된 차가 많아. 차가 낡으면 배기가스 중 나쁜 물질을 거르는 기능도 떨어져. 게다가 통학 버스는 경유를 연료로 쓰는 경우가 많은데, 경유는 자동차 연료 중 미세먼지를 제일 많이 만들어. 그뿐만 아니라 통학 버스는 어린이들이 다 탈 때까지 시동이 걸린 채로 기다리는데, 이를 '공회전'이라고 해. 차가 달리지 않는 상태에서 시동이 걸려 있으면 미세먼지가 더 많이 나와.

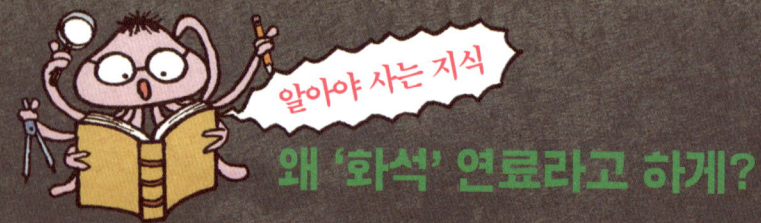

왜 '화석' 연료라고 하게?

석탄, 석유, 천연가스 등을 '화석 연료' 또는 '화석 에너지'라고 해.
'화석'이라고 하면 생물의 흔적이 퇴적암에 남은 채 굳은 것 아니냐고?
맞아. 화석 연료는 오래전에 살았던 동물과 식물이 죽어서 남긴 잔해로 생긴 거야.
지진으로 땅속 깊이 묻힌 동물의 몸은 아주 오랜 시간 동안 열과 압력을 받아서
석유가 되었어. 석탄은 주로 식물이 썩어서 만들어진 것이고.
사람이 화석 연료를 본격적으로 쓰기 시작한 건 200년 정도밖에 되지 않아.
문제는 화석 연료는 양이 정해져 있는데다, 쓰면 쓸수록 공기가 나빠진다는 거야.
석유나 석탄을 태울 때 이산화탄소 같은 온실가스가 나와서 지구를 담요처럼 감싸는데,
그러면 지구의 기온이 올라가 더워지는 거야.
현재 지구인은 에너지의 85%를 화석 연료로 쓰고 있어.
이제 화석 연료를 덜 쓰고, 공기를 오염시키지 않는 에너지를 하루 빨리 찾아야 해.

7 미세먼지 많은 날, 집에 오자마자 할 일은?

에-초! 에-초! 공기가 안 좋은 날은 되도록 밖에 나가지 않아야 해.
그렇지만 어쩔 수 없이 외출했다면 돌아오자마자 무엇부터 해야 할까?

❶ 장난감을 가지고 논다

❷ 텔레비전을 튼다

❸ 간식을 먹는다

❹ 씻는다

정답은 4) 씻는다
미세먼지가 많은 날엔 씻는 게 가장 먼저야.

에-초! 에-초! 미세먼지가 심한 날은 집에 돌아오자마자 욕실로 가야 해.
장난감과 텔레비전과 맛있는 간식 쪽으로 눈이 가더라도 참아야 해.
세수하고 발까지 씻어. 물로만 대충 씻지 말고, 꼭 비누로 꼼꼼하게!
양치질을 하면 가장 좋지만, 그게 귀찮다면 식염수로 입을 헹구는 것도 도움이 돼.
만약 눈이 빨갛게 충혈되거나 따끔거리면
식염수를 한 방울 넣어 눈을 씻어 내는 것도 좋아.
자기 전에는 온몸을 비누로 깨끗이 씻어. 물론 머리도 꼭 감고!
평소보다 더 꼼꼼하게 씻어야 해.

참, 옷이나 모자, 가방에도 미세먼지가 붙으니까, 집에 들어오기 전에 털어.
집에 오면 실내에서 입는 옷으로 갈아입고.
미세먼지가 심한 날 입은 옷은 빨래통에
바로 넣는 게 좋아.

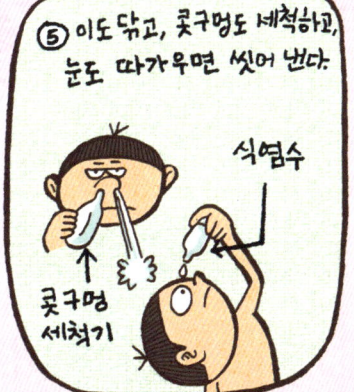

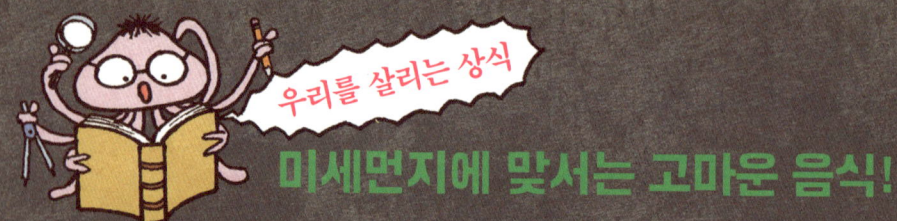

우리를 살리는 상식
미세먼지에 맞서는 고마운 음식!

몸속에 쌓인 나쁜 성분을 밖으로 내보내고 호흡기가 튼튼해지게 도와주는 음식을 모아 보았어. 평소 면역력을 길러 주는 발효 식품도 많이 먹어 두라고. 밥상이나 급식에서 이런 착한 음식을 만나면 감사하는 마음으로 꼭꼭 다 씹어 먹어! 참, 물도 많이 마시고.

- 미역, 다시마, 톳, 매생이 같은 해조류
- 배, 귤 등 비타민이 풍부한 제철 과일
- 고등어, 청어 같은 등 푸른 생선
- 김치, 청국장, 된장, 요구르트 등 발효 식품
- 미나리, 머위 등 녹색 채소

8 어떤 날씨에 미세먼지가 가장 적을까?

미세먼지는 대기 오염 물질이라 날씨와 관련이 많아.
과연 어떤 날씨에 미세먼지가 늘어나고, 어떤 날씨에 줄어들까?

① 해가 쨍쨍 날 때

② 비 온 뒤 바람이 불 때

③ 찬바람이 쌩쌩 불 때

④ 마른하늘에 벼락이 칠 때

정답은 2) 비 온 뒤 바람이 불 때

비 온 뒤 바람이 불면 미세먼지가 적어.

비가 오면 빗방울이 공기 중에 있는 미세먼지를 빨아들인 다음 바닥으로 떨어져.
바닥으로 떨어진 먼지는 비와 함께 씻겨 내려가지.
하지만 미세먼지를 머금은 작디작은 빗방울이 공기 중에 머물러 있으면
오히려 미세먼지 농도가 높아질 수도 있어. 비가 온 다음 바람까지 불어야
공기 중의 미세먼지가 적어져서 공기가 한층 맑아지는 거야.

해가 쨍쨍 나는 날, 바람이 적은 날은 미세먼지가 쌓이기만 해서 공기가 더 나빠져.
바람이 불어서 미세먼지를 날리면 공기가 맑아지기도 하는데 늘 그런 것은 아니야.
공장처럼 화석 연료를 태워서 미세먼지가 많이 생기는 곳에서
네가 있는 곳으로 바람이 불어오면 공기가 나빠지지.
봄철에 중국 쪽에서 한국으로 불어오는 황사와 미세먼지가 그런 경우야.

날 어디로 데려가?!

하수구로

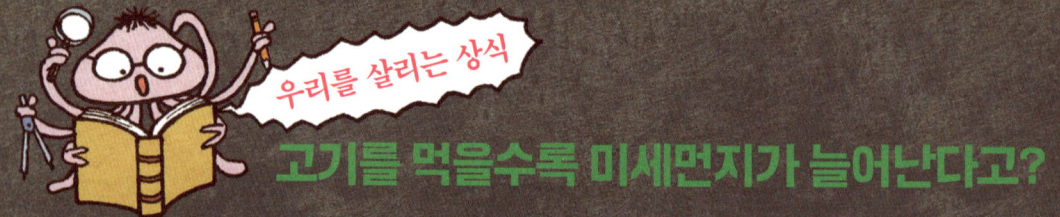

우리를 살리는 상식
고기를 먹을수록 미세먼지가 늘어난다고?

지구의 심각한 사막화

소나 돼지, 닭을 엄청 많이 키우는 농장에 가 본 적 있니?
똥과 오줌이 어마어마하지? 가축의 배설물은 흙과 물을 오염시킬 뿐만 아니라
해로운 가스를 내보내서 공기도 오염시켜.
'지구의 허파'라고 불리는 아마존 열대우림에서는 사람들이 돈을 벌기 위해
나무를 베고 그 자리에 소를 풀어 놓고 키워. 나무는 이산화탄소를 빨아들이고
산소를 내놓는데, 나무가 줄면 공기가 나빠지겠지? 소가 풀을 모조리 뜯어 먹으니
땅은 메마르고 단단해져서, 결국 나중에는 농사를 짓기도 어렵고 나무가
새로 자라기도 힘들어져. 그러다가 사막이 되고 말지.
고기를 먹을 때마다 숲이 조금씩 사라지고,
그곳에 살던 식물과 크고 작은 동물들이 사라져.
그러니까 고기를 너무 많이 먹는 건 지구의 허파를 갉아 먹는 것과 같아.

9 집 안 어디에서 미세먼지가 가장 많이 생길까?

집에만 있으면 미세먼지 걱정 안 해도 될까?
에-초! 에-초! 그렇지 않아. 집 안에서도 미세먼지가 생겨.

❶ 컴퓨터 방

❷ 침실

❸ 부엌

❹ 화장실

정답은 3) 부엌
집 안에서 미세먼지가 가장 많이 생기는 곳은 부엌이야.

미세먼지는 바깥에서만 생기는 게 아니야.
집 안, 그중에서도 특히 부엌은 미세먼지가 많이 생길 수밖에 없어.
가스렌지에서는 일산화탄소, 이산화질소 같은 해로운 물질이 뿜어져 나와.
그리고 생선을 굽거나 전을 부칠 때 연기가 나지?
그 연기 속에도 미세먼지가 잔뜩 있다고 보면 돼.
재료 표면이 불에 타면서 몸에 안 좋은 성분이 나오거든.
에-초! 에-초! 그러니까 음식을 만들 때 환풍기를 틀고
조리가 끝나면 창문을 열어 환기하기! 기억해 둬.

환풍기는 요리가 끝난 뒤에도 30분쯤 틀어 두는 게 좋아.

부엌뿐만 아니라 전기를 쓰는 모든 제품,
그러니까 냉장고, 전자레인지, 세탁기, 컴퓨터, 텔레비전, 믹서도
미세먼지를 일으키는 데 영향을 끼쳐.
전기를 만들기 위해 화석 연료를 써야 하니까 말이야.
새 가구, 벽지, 바닥에서도 해로운 물질이 나오기도 해.
똥이나 방귀는 지독한 냄새를 풍기지만 미세먼지는 아니야.

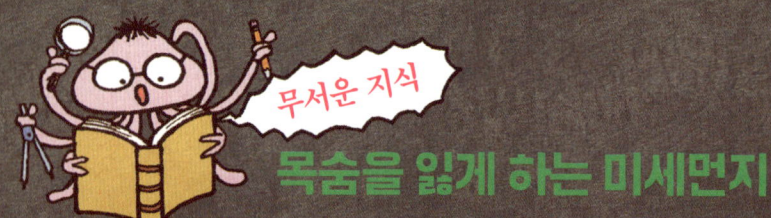

목숨을 잃게 하는 미세먼지

미세먼지가 심할 때 마스크를 안 쓰고 밖에 나갔다 오면 목과 눈이 따갑고 아프지?
그러다가 먼지가 걷히고 시간이 지나면 조금 나아질 거야.
이쯤 되면 몸이 다시 괜찮아진 걸로 여길 수도 있지만, 몸속에 들어온 미세먼지는
쌓이고 쌓여서 천천히 몸을 망가뜨려.
그리고 상상하기 싫겠지만 미세먼지가 더욱 심해지면, 한꺼번에 많은 사람이 죽기도 해.
1952년 12월에 영국 런던에서는 심각한 대기 오염이 발생해서 3주 동안 4천여 명이 죽고
10만여 명이 호흡기 질병을 얻었어. 그 뒤로 호흡기 질병을 앓다가 죽은 사람까지 헤아리면,
사망자만 1만 명이 넘는다고 해. 이때 런던은 오염이 너무 심한 탓에
바로 앞도 보이지 않아서 사람은 물론 자동차도 다닐 수 없었대.

10 집 밖에서 미세먼지를 만드는 범인이 아닌 것은?

미세먼지의 양을 비교하면, 집 안에서 생기는 미세먼지보다 집 밖에서 생기는 게 훨씬 더 많아.

❶ 담배
용의자를 찾습니다! 
특징: 이마에 흉터가 있음
현상금 500원

❷ 자동차
용의자를 찾습니다! 
특징: 대머리
현상금 1000원

❸ 자전거
용의자를 찾습니다! 
특징: 자전거 도로에 자주 나타남
현상금 알사탕 2개

❹ 꽃가루
용의자를 찾습니다!
특징: 나무 가까이에 있음
현상금 10원

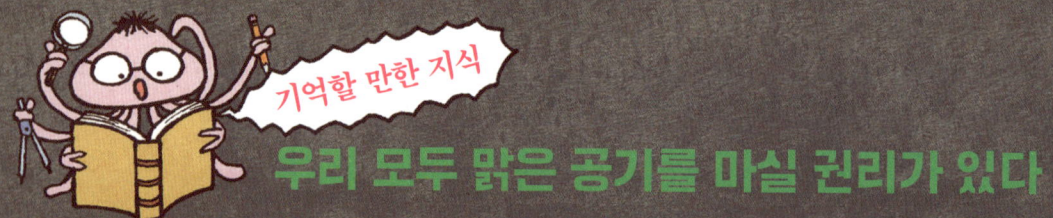

기억할 만한 지식
우리 모두 맑은 공기를 마실 권리가 있다

독일 슈투트가르트 시에 사는 한 사람이 주 정부를 상대로 소송을 했대.
슈투트가르트 시의 미세먼지가 자신의 건강권에 해를 끼쳤기 때문이었어.
시민은 맑은 공기에서 숨 쉴 권리, 건강하고 안전하게 살 권리가 있어.
그런데 국가가 자동차, 그중에서도 경유차를 줄이고
미세먼지를 관리해야 하는 의무를 다하지 못했고.
결국 시민이 건강을 해치게 되었으니 이를 책임지고 보상하라고 주장한 것이지.
미세먼지 때문에 불편을 겪어 보니 이 사람 마음이 이해되지 않아?
국가는 자연과 환경이 오염되지 않도록 노력하고 관리해야 할 의무가 있어.
그러니 자연과 환경에 늘 관심을 가져야 해. 국가의 개발 사업이나 정책이
훗날 자신에게 어떤 영향을 끼칠지 잘 판단하고,
때에 따라서는 대책을 요구해야 해.

11 미세먼지를 가장 많이 만드는 곳은?

에-초! 에-초! 자동차를 안 타면 미세먼지는 사라지는 거야?
아니지, 아니지. 미세먼지는 다른 곳에서도 생겨.

❶ 수영장

❷ 화력 발전소

석탄

❸ 운동장

슬라이딩 태클~

❹ 공사장

정답은 2) 화력 발전소

미세먼지는 화력 발전소에서 엄청 많이 생겨.

사람들이 먹고, 입고, 사용하려면, 그걸 만드는 기계와 공장이 돌아가야겠지?
기계와 공장이 돌아가려면 에너지가 필요한데,
지구인은 에너지의 대부분을 화석 연료로 쓰고 있어.
미세먼지는 석탄 같은 화석 연료를 태울 때 많이 생겨. 에-초! 에-초!
한마디로 사람들이 사용하는 모든 것을 만들기 위해서 에너지가 쓰이는데,
그것 때문에 미세먼지가 생기는 거야. 그뿐이 아니야. 사용하고 나면
쓰레기가 생기는데 쓰레기를 땅에 묻거나 불에 태울 때도
해로운 물질이 생겨. 공사장에서도 미세먼지가 생기지.
건물을 짓거나 부술 때도 먼지가 엄청 생기거든.
운동장에서도 먼지가 나고. 수영장은, 글쎄.
수영장을 관리하려면 전기를 써야 하니까,
미세먼지를 발생시키기는 해. 하지만 화력 발전소에
비하면 아주 적지, 뭐!

도움 되는 지식

알고 쓰자, 공기 청정기

요즘 지구인 집에는 공기 청정기가 한 대씩은 있는 것 같더군. 미세먼지가 심하다 보니 그럴 만도 해. 공기 청정기는 말 그대로 공기를 깨끗하게 하는 가전제품이야. 공기 속에 있는 먼지나 세균을 걸러 주지.
그렇지만 공기 청정기만 켜 둔다고 집 안 공기가 깨끗해지지는 않아. 필터가 더러워지면 씻거나 새 것으로 갈아 주어야 제 역할을 할 수 있지. 그렇지 않으면 아무 소용이 없어. 공연히 전기만 먹고. 가끔씩 창문을 열어서 집 안 공기를 바깥 공기로 갈아 주고, 물걸레질로 청소를 해야 공기를 깨끗하게 유지할 수 있어.

공기 청정기를 쓰려면 전기가 필요하고 전기를 만들려면 발전소가 돌아야 하는데, 발전소가 돌아가면 미세먼지가 더 생겨.

12 미세먼지가 많은지, 적은지 아는 방법은?

에-초! 에-초! 사방에 미세먼지가 가득 찬 것 같아.
그런데 지금 공기 상태가 어떤지 어떻게 알 수 있을까?

❶ 그냥 눈으로 본다

❷ 엄마에게 물어본다

❸ 미세먼지 농도를 확인한다

❹ 가까운 미세먼지 측정소에 간다

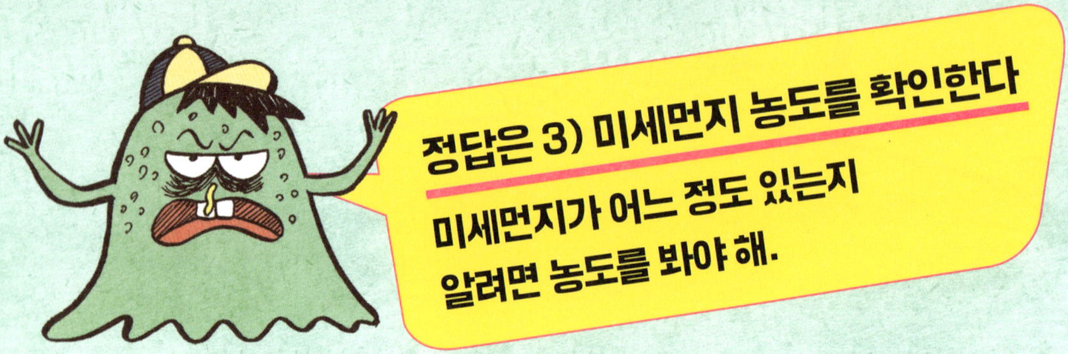

정답은 3) 미세먼지 농도를 확인한다

미세먼지가 어느 정도 있는지 알려면 농도를 봐야 해.

물론 눈으로 하늘을 보면 미세먼지가 아주 심각한 날은 뿌옇고, 공기가 맑은 날은 깨끗하다, 정도는 알 수 있지. 하지만 정확하게 알려면, 지역별로 미세먼지 농도를 측정해서 알려 주는 어플리케이션을 확인하는 게 좋아. 기상 정보 방송이나 인터넷에서 미세먼지 정보 사이트를 찾아봐도 알 수 있어. 어플리케이션, 방송, 사이트마다 미세먼지 단계가 다를 때가 있는데, 그건 국제 기준을 따르느냐, 한국 기준을 따르느냐에 따라 다른 거야.

물론 엄마나 아빠한테 물어봐도 돼. 하지만 엄마 아빠도 미세먼지 농도를 확인하고 너한테 알려 준다는 사실! 그리고 미세먼지 측정소에는 측정 기계가 있을 뿐이야. 거기 간다고 공기 중에 미세먼지가 얼마나 있는지 알려 주지는 않는다고.

빨래인 척

네 이놈~ 남의 집 옥상에서 뭐 해~

저기 그게 아니고요~

미세먼지 측정기

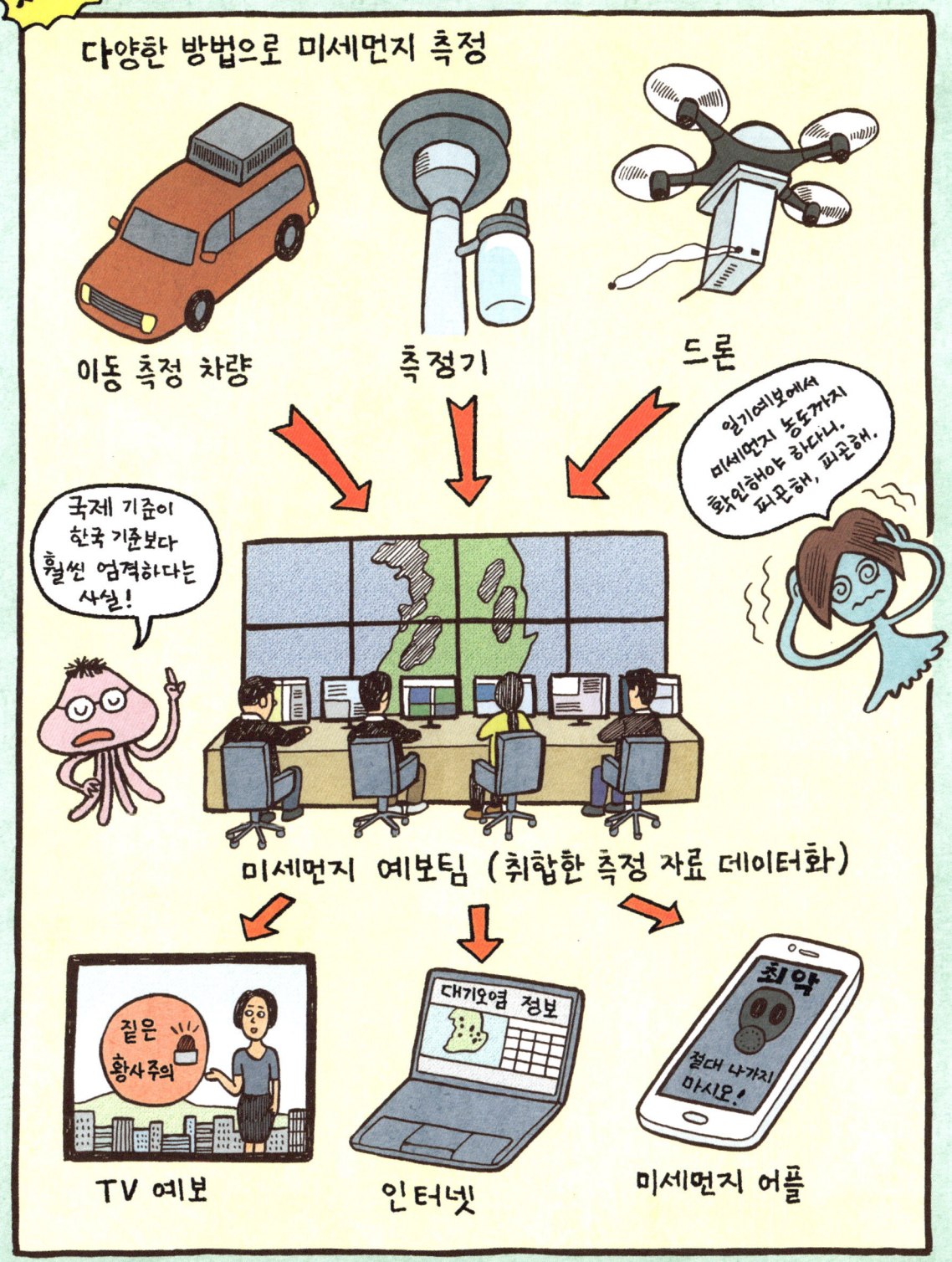

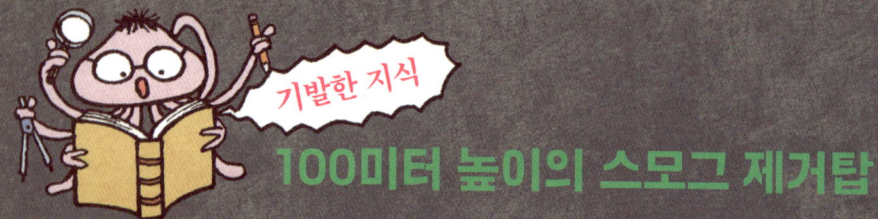

100미터 높이의 스모그 제거탑

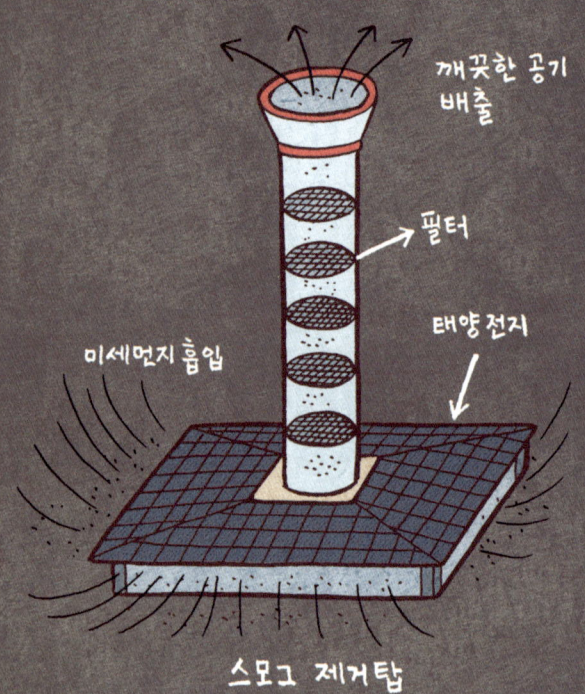

스모그 제거탑

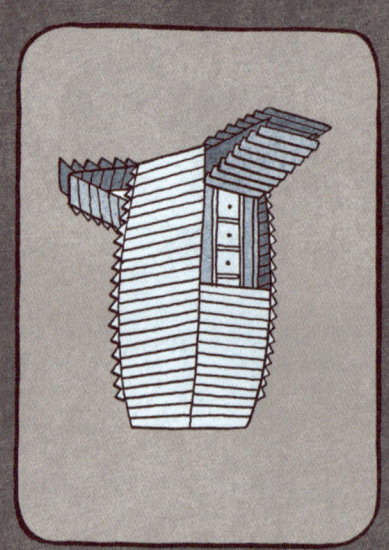

자매품
네덜란드 스모그 프리타워

중국 산시성에는 100미터 높이의 굴뚝 모양 탑이 있어.
이름은 '스모그 제거탑'인데, 오염된 공기를 깨끗하게 만드는 일을 해.
오염된 공기가 탑 안으로 들어오면 필터를 거쳐서 정화되어 밖으로 나가는 거지.
탑에서 10킬로미터 안쪽 지역에서는 미세먼지가 약 20%까지 줄었대.
스모그 제거탑의 공식 이름은 '대형 태양 에너지 도시 공기 청정 시스템'이야.
태양 에너지를 이용하는 거라 비용도 적게 들고 환경 오염도 적어.
탑을 하나 세우는 데 우리 돈으로 20억 원이나 들기는 하지만,
그래도 숨 쉬기조차 힘든 도시에서는 생각해 볼 만하지.
절대 잊지 말아야 할 사실은 더러워진 공기를 깨끗이 만들려는 노력도 중요하지만,
오염 물질을 아예 만들어 내지 않는 것이 더 중요하다는 거야.

13 미세먼지를 덜 만들기 위해 여러분이 할 수 있는 일은?

이미 만들어진 미세먼지를 줄이기는 무척 힘들어.
미세먼지를 덜 만드는 방법만이 해결책이지.

❶ 전기 코드 계속 꽂아 두기

❷ 자가용 자주 타기

❸ 일회용품 안 쓰기

❹ 음식은 한꺼번에 많이 주문하기

일회용품은 말 그대로 한 번만 쓰고 버리는 물건이니까, 쓰는 즉시 쓰레기야.
플라스틱 컵, 빨대, 비닐봉지 같은 쓰레기는 100년이 지나도 썩지 않아서 태우는데,
이때 화력 발전소보다 많은 미세먼지와 오염 물질을 내보낼 수 있어.
전기 코드를 계속 꽂아 두면, 전자제품을 이용하지 않더라도 계속 전기가 소모돼.
자동차를 자주 타면 그만큼 배기가스를 많이 내뿜고.
음식을 많이 버리면 처리하는 데 또 에너지를 써야겠지?
그렇다면 미세먼지를 덜 만들려면 어떻게 해야 할까?
쉬워! 물건을 덜 사고, 덜 버리는 거야.
자동차를 덜 타고, 전기를 덜 쓰고 말이야.

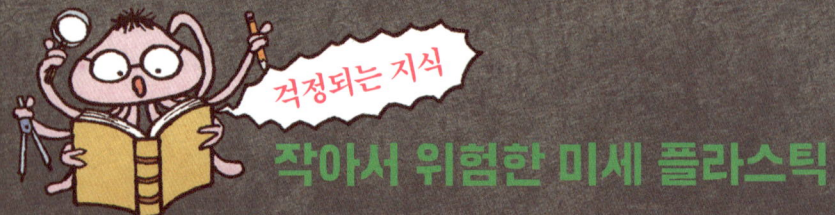

작아서 위험한 미세 플라스틱

↑
미세 플라스틱

미세먼지가 위험한 이유는 엄청나게 작아서라는 점, 이제 알겠지?
그런데 작아서 위험한 게 또 있어. 혹시 미세 플라스틱에 대해 들어 본 적 있니?
미세 플라스틱은 5mm보다 작은 플라스틱이야. 플라스틱이 깨지거나 부서져서
생기기도 하지만, 화장품·치약·합성섬유 등을 만들 때 일부러 미세 플라스틱을
넣기도 해. 치약 안에 있는 꺼끌꺼끌한 작은 알갱이 알지?
그게 바로 미세 플라스틱이야. 이를 더 깨끗하게 하려고 넣는 거지.
플라스틱 쓰레기는 오래도록 썩지 않으니 골칫거리인데, 미세 플라스틱은 더 위험해.
바다로 흘러 들어간 미세 플라스틱이 먹이인 줄 알고 플랑크톤이 먹으면, 플랑크톤을 먹는
물고기 몸에 쌓이고, 결국 물고기를 먹는 사람의 몸에도 쌓여서 병을 일으켜.
플라스틱은 지구뿐만 아니라, 지구인의 건강에도 이렇게 나쁜 영향을 줘.

14 미세먼지를 줄이기 위해 세계가 함께할 수 있는 일은?

미세먼지는 어느 한 나라에만 있는 게 아니야.
온 지구를 뒤덮고 있으니 여러 나라가 같이 해결해야겠지?

❶ 국경에 담을 쌓는다

허~ 높아서 도저히 못 가겠다.

❷ 가위바위보를 한다

가위바위보 하하~ 코리아 당첨

❸ 미세먼지를 풍선에 담아 멀리 띄운다

안녕 미세먼지 영원히 안녕~

❹ 사막이 넓어지지 못하게 한다

정답은 4) 사막이 넓어지지 못하게 한다

미세먼지를 줄이려면 숲이 줄어들고 사막이 넓어지는 걸 막아야 해.

미세먼지를 줄이기 위해 여러 나라가 힘을 모을 일은 많아.
미세먼지를 줄이는 방법을 함께 연구하고 실천해야 해.
공기를 깨끗하게 하기 위해 배기가스를 줄이기로 약속도 하고,
다른 나라가 약속을 지키는지 서로 감시도 해야 하지.
나무를 너무 많이 베어서 사막이 점점 넓어지는 나라가 있다면
사막이 더 이상 넓어지지 않도록 이웃 나라가 도와야 해.
함께 나무를 심는 거지. 나무는 공기 중의
해로운 물질을 빨아들이고 산소를 내보내니까 말이야.

국경에 담을 쌓는다고 미세먼지가 그걸 알 리 없어.
지구의 문제는 가위바위보에 진 나라만 책임질 일이 아니고.
미세먼지를 풍선에 담아 우주로 보내는 건 거실에 있는 쓰레기를
큰 비닐에 담아서 안방에 옮기는 거랑 똑같은 거야.

알면 뽐낼 수 있는 지식
나라끼리도 약속을 해

환경 문제에는 국경이 없으니 모두가 협력해야 해. 그런 의미에서 그동안 환경 문제를 해결하기 위해 여러 나라가 어떻게 힘을 모아 왔는지 알아볼까?

1992년에 맺은 기후변화협약은 여러 나라가 지구온난화 문제를 같이 해결하자고 한 첫 번째 약속이었어. 이후 기후변화협약을 실천하기 위해 교토의정서가 만들어졌어. 이산화탄소, 메탄 등 6가지 온실가스 배출을 줄이자는 약속이었지.

2005년에 공식적으로 효력을 발휘했는데, 교토의정서에 서명을 한 나라도 있고 하지 않은 나라도 있어. 2015년에 맺은 파리기후협정은 교토의정서가 효력을 다한 뒤에 전 세계 환경 정책에 영향을 줄 여러 나라의 약속이야.

195개 나라가 온실가스를 줄이자고 약속했다는 데 큰 의미가 있지.

15 미세먼지를 줄이기 위해서 가장 먼저 나서야 할 사람은 누구?

마술처럼 순식간에 미세먼지를 없앨 수는 없어. 지구를 깨끗하게 만들기 위해 무지 노력해야 하는데, 그 힘든 노력을, 대체 누구부터 해야 할까?

❶ 너

❷ 어른

❸ 정치인

❹ 환경단체

정답은 1) 2) 3) 4)
지구 환경 문제는 모두가 함께 나서야 해.

미세먼지를 줄이기 위해서는 조금 불편해도 모두가 달라져야 해. 일단 너부터 일회용 물티슈 대신 손수건을, 종이컵 대신 개인 컵을, 자가용 대신 버스를 타거나 걸어 보자. 가축을 키우는 데도 엄청난 에너지가 쓰이니 고기를 조금 덜 먹는 건 어떨까? 먼 나라에서 나는 과일을 가져오려면 배나 비행기를 이용해야 하니 가까운 곳에서 키운 과일을 먹는 것도 지구를 위한 일이야.

물론 어른, 정치인, 환경단체 모두가 다 같이 나서면 미세먼지 문제는 좀 더 빨리 해결될 거야. 지구의 문제는 지구에 사는 우리 모두의 문제야. 몇몇 사람만 열심히 한다고 해서 절대 해결되지 않아. 하지만 '나'부터 달라지지 않으면 아무것도 달라지지 않아. 건강한 환경에서 살고 싶다면 '나'부터 바꿔어야 해.

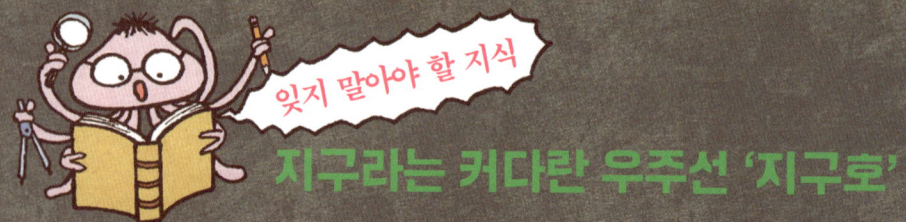

잊지 말아야 할 지식
지구라는 커다란 우주선 '지구호'

건축가이자 발명가인 미국인 벅민스터 풀러라는 사람이 있어. 풀러는 자신이 쓴 《우주선 지구호 사용설명서》라는 책에서 지구를 하나의 커다란 우주선, '지구호'라고 불렀어. 풀러는 지구호는 완벽하게 잘 만들어져서 인류가 200만 년이나 타고서도 문제가 없었는데, 사람들이 지구호에 실린 자원을 욕심껏 쓰느라 점점 지구호가 위험해지고 있다고 했어. 그래서 지구를 잘 돌보고 관리하지 않으면 지구호는 물론이고 지구호에 탄 사람들도 위기를 맞을 거라고 경고했지.
풀러뿐 아니라 많은 사람들이 같은 생각을 하고 있어. 숨 쉬기 힘들 만큼 공기가 나빠진 지금, 당장 행동하지 않으면 안 된다는 것을 모두 알아야 해.

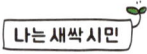

퀴즈, 미세먼지! 외계인이 묻고 지구인이 답한다

처음 펴낸 날 2018년 12월 5일 **다섯 번째 펴낸 날** 2023년 2월 28일

기획 환경정의 **글** 임정은 **그림** 이경석
편집 오지명 **디자인** 효효스튜디오
펴낸이 이은수 **펴낸곳** 초록개구리 **출판등록** 2004년 11월 22일 (제300-2004-217호)
주소 서울시 종로구 비봉2길 32, 3동 101호 **전화** 02-6385-9930 **팩스** 0303-3443-9930
인스타그램 www.instagram.com/greenfrog_pub

ISBN 979-11-5782-072-6 74530 ISBN 979-11-5782-035-1 (세트)

이 도서의 국립중앙도서관 출판시도서목록(CIP)은 서지정보유통지원시스템 홈페이지(http://seoji.nl.go.kr)와
국가자료공동목록시스템(http://www.nl.go.kr/kolisnet)에서 이용하실 수 있습니다. (CIP제어번호: CIP2018037610)